I0890362

Nueva Guía Escolar

"Aprendamos Juntos"
Quinto Año

Español

Matemáticas

Ciencias Naturales

Geografía

Historia

Formación Cívica y Ética

Introducción

Aprendamos Juntos es una guía escolar que constituye un excelente auxiliar didáctico para el quinto grado de educación básica primaria.

Este libro contiene actividades sencillas y muy divertidas para repasar los temas que sus hijos están aprendiendo en la escuela, como: Español, Matemáticas, Ciencias Naturales, Geografía, Historia y Formación Cívica y Ética.

Su amplio repertorio de actividades, basado en los programas oficiales, será el complemento ideal de lo aprendido en las clases.

Con su apoyo y esta guía, sus niños pasarán un rato entretenido reforzando sus conocimientos y habilidades, jugando.

ESPAÑOL

Uso de mb, mp, nv y nf

Para completar las palabras, escribe b o p según corresponda.

com__ás am__iente com__uesto hom__re

am__ición com__atible tam__or cam__amento

cam__ista ham__re trom__eta tram__a bom__ón

am__olla bam__ú tim__re com__utadora am__os

ám__ula alfom__ra Colom__ia

Circula todas las palabras que encuentres con nf o nv, dentro de la sopa de letras.

I	N	F	O	R	M	A	T	I	V	O	Z	C	V	B
N	N	Q	R	Ñ	A	S	D	N	F	A	G	O	H	I
V	C	V	A	Q	Z	X	W	V	Ñ	N	I	C	G	N
E	V	G	I	X	I	K	D	E	G	F	U	O	Q	P
N	Q	F	R	C	P	C	O	N	F	I	A	N	Z	A
T	W	D	T	C	T	J	C	T	R	B	A	F	S	W
O	E	S	Y	O	L	O	V	A	W	I	I	E	F	R
Ñ	R	A	Ñ	N	Ñ	U	B	R	D	O	H	R	G	T
L	T	Z	M	V	M	Y	G	T	S	Q	O	E	H	V
C	O	N	F	E	C	C	I	O	N	A	R	N	Z	D
K	Y	X	A	N	V	E	R	S	O	F	F	C	X	H
J	U	C	N	T	K	J	G	F	D	Y	D	I	V	U
H	I	W	B	O	L	M	W	V	A	P	Z	A	Y	M

ESPAÑOL

Verbos Regulares

Conjuga los siguientes verbos y escríbelos sobre las líneas.

HABLAR	PRETÉRITO	FUTURO	POSPRETÉRITO	COPRETÉRITO
Yo				
Tú				
Él				
Nosotros				
Ustedes				
Ellos				

AMAR	PRETÉRITO	FUTURO	POSPRETÉRITO	COPRETÉRITO
Yo				
Tú				
Él				
Nosotros				
Ustedes				
Ellos				

VIVIR	PRETÉRITO	FUTURO	POSPRETÉRITO	COPRETÉRITO
Yo				
Tú				
Él				
Nosotros				
Ustedes				
Ellos				

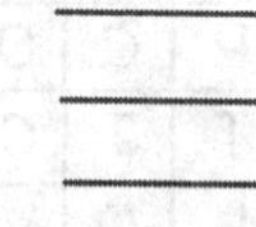

ESPAÑOL

Sujeto Tácito y Explícito

Escribe sobre las líneas, una T si el sujeto es tácito y una E si es explícito.

Los campistas están felices. _____

¿Trabajaremos mañana en la fábrica? _____

¡Vengan para la hacienda! _____

La hermana de Soledad estudia danza clásica. _____

El lápiz que está sobre la mesa es de Tito. _____

Ojalá pudiera encontrarlo. _____

Mis primos llegarán en los últimos días de invierno. _____

Quizá regrese a ese lugar. _____

Los niños del otro grupo, llegaron inesperadamente. _____

Me tejieron una bufanda para mi cumpleaños. _____

ESPAÑOL

La Biografía

Escribe la biografía de un personaje importante e ilústrala.

Nombre: ______________________________

Periodo de vida: ________________________

Hazañas importantes: ______________________________

ESPAÑOL

Signos de Puntuación

Lee cuidadosamente el siguiente texto y escribe los signos de puntuación que hagan falta.

Martin Luther King contempló con emoción la masa de rostros que se extendía a sus pies como un océano y dijo "Yo sueño que un día en las rojas montañas de Georgia los hijos de los antiguos esclavos y los hijos de los antiguos dueños de esclavos se sentarán juntos a la mesa de la hermandad "Yo quiero soñar que mis cuatro hijos vivirán un día en un país en el que no serán juzgados por el color de su piel sino por lo que atesore su personalidad "Yo quiero soñar que un día todo valle será elevado todo cerro y toda montaña serán aplanados los sitios ásperos serán alisados los torcidos serán enderezados Ésta es la esperanza con que retorno al Sur Con una fe semejante podemos extraer de las montañas de desesperación la piedra de la esperanza luchar juntos ir a la cárcel juntos defender juntos la libertad convencidos de que un día seremos libres "Cuando hagamos que la libertad resuene en cada poblado y en cada aldea en cada Estado y en cada ciudad podremos acelerar la llegada del día en que todos los hijos de Dios blancos y negros judíos y gentiles protestantes y católicos podamos estrecharnos las manos y cantar: Libres al fin Libres al fin Gran Dios todopoderoso al fin somos libres "

Martin Luther King (Adaptación)

ESPAÑOL

El Acento

Clasifica las palabras dentro de la tabla de acuerdo con su acento.

AGUDAS	GRAVES	ESDRÚJULAS	SOBRESDRÚJULAS

Ábaco bíceps recomiéndasela risa información ídolo quítaselo comedor cárceles niña devuélvemelo Aragón éxtasis Bolívar comer estúdiatelo tómatelo perro tráilers centurión fénix arrebatándoselo héroe sofá páncreas fríamente caótico papá carácter cómics ópalo cristal llévatelo vacaciones león corrígemelo océano partió dinero camión récords déficit lágrima razón

ESPAÑOL

Preposiciones

Completa las siguientes oraciones, escribiendo sobre la línea las preposiciones que correspondan.

Mi mamá se empeña _______ comprar otra televisión _________ que mis hermanos y yo no peleemos.

Pedro se quedó ______ la mochila de Lalo porque le gustaba mucho.

Fabiola se acordó _______ que había dejado la estufa prendida y volvió rápidamente a su casa.

Su hermanito se echó _____ llora al llegar al colegio porque no quería entrar.

El halcón atrapó ______ su víctima ______ su garra.

El otro día me crucé _______ el hermano de Rosa y casi no nos reconocimos.

Juan se cayó _______ la bicicleta y se rompió la pierna derecha así que no podrá ir ___ la escuela hasta dentro ______ dos meses.

El Sr. Méndez entró ______ la empresa _______ un simple empleado y ahora es el director general.

______ la nueva emergencia que se presentó, es que decidimos actuar ______ esta manera.

ESPAÑOL

Pretérito y Copretérito

Escribe el pretérito o copretérito de las siguientes oraciones según les corresponda.

María compró fruta en el mercado.

____

Juan miró el partido de futbol en la televisión.

____

El equipo de quinto año ganó la copa.

____

Pedro viajó a Canadá durante el verano.

____

Jimena se comió el pastel del banquete.

____

Escribe oraciones en copretérito de acuerdo con los dibujos.

____ 

____ 

____ 

____ 

____ 

ESPAÑOL

Palabras Palíndromas y Polisémicas

Escribe palabras palíndromas como: acá, rallar o radar.

Escribe dos frases palíndromas como: Anita lava la tina.

Escríbeles dos oraciones diferentes a cada palabra polisémica.

cresta

lechera

pico

cabeza

pie

falda

leyenda

ESPAÑOL

La Poesía

En el siguiente fragmento, subraya con naranja las palabras que riman, con verde los versos y con morado las estrofas.

A ver mis anteojos, y pluma y tintero,
y vamos poniendo las cartas primero.
Que vengan las Fuñas y las Fanfarriñas,
y Ñoño y Marroño y Tompo y sus niñas.

Ahora veamos qué tal la alacena.
Hay pollo y pescado, ¡la cosa está buena!
Y hay tortas y pollos y carnes sin grasa.
¡Qué amable señora la dueña de casa!

Venid mis michitos Mirrín y Mirrón.
Id volando al cuarto de mamá Fogón
por ocho escudillas y cuatro bandejas
que no estén rajadas, ni rotas ni viejas.

Escribe sobre las líneas un poema que rime y que tenga dos estrofas. Ilústralo.

ESPAÑOL

Adjetivos y Pronombres Demostrativos

Subraya los adjetivos y pronombres demostrativos de las siguientes oraciones y escribe sobre las líneas una A si son adjetivos y una P si son pronombres.

Esto debe continuar así. ___

Aquel niño es el hijo de la directora de la orquesta. ___

Esa carta me parece sospechosa. ___

¿Qué es aquello que se ve detrás de los edificios? ___

Con ésta son ya cinco las cajas forradas. ___

Este año me voy de vacaciones a Europa. ___

De los tres modelos, compré ese. ___

Este coche no me gusta para compararlo. ___

Yo revelé el secreto a ése. ___

En aquella época todavía no había computadoras. ___

Eso lo realizo en cinco minutos. ___

De los tres gatos ése es el más fino. ___

Esa tarde en la que todo ocurrió, yo estaba de viaje. ___

Aquél fue el que compró la bicicleta. ___

ESPAÑOL

Verbos Irregulares

Conjuga los verbos en el tiempo y persona que se te indica y escríbelos sobre la línea.

PENSAR Yo	COPRETÉRITO __________	PRETÉRITO __________	FUTURO __________
PEDIR Él	FUTURO __________	POSPRETÉRITO __________	PRESENTE __________
INVERTIR Ustedes	POSPRETÉRITO __________	COPRETÉRITO __________	PRESENTE __________
CONTAR Tú	PRESENTE __________	FUTURO __________	PRETÉRITO __________
MEDIR Ella	PRETÉRITO __________	PRESENTE __________	COPRETÉRITO __________
REÍR Nosotros	COPRETÉRITO __________	PRETÉRITO __________	POSPRETÉRITO __________
REZAR Ellos	PRESENTE __________	POSPRETÉRITO __________	FUTURO __________
TRADUCIR Yo	FUTURO __________	PRESENTE __________	PRETÉRITO __________
REGAR Tú	POSPRETÉRITO __________	FUTURO __________	COPRETÉRITO __________

El Periódico

Investiga el significado de las partes de un periódico y escríbelo sobre las líneas.

plana: ____________________

primera plana: ____________________

cintillo: ____________________

secciones: ____________________

suplemento: ____________________

columnas: ____________________

logotipo: ____________________

lema: ____________________

encabezado: ____________________

directorio: ____________________

titular: ____________________

artículo: ____________________

pie de foto: ____________________

orejas: ____________________

Siglas

Escribe dentro de los cuadros las siglas de las de las siguientes instituciones.

Instituto Federal Electoral ☐ ☐ ☐

Instituto Mexicano del Seguro Social ☐ ☐ ☐ ☐

Universidad Autónoma Metropolitana ☐ ☐ ☐

Instituto Nacional de Antropología e Historia ☐ ☐ ☐ ☐

Organización Mundial de la Salud ☐ ☐ ☐

Instituto Nacional de Bellas Artes ☐ ☐ ☐ ☐

Instituto Nacional de Estadística, Geografía e Informática ☐ ☐ ☐ ☐ ☐

Norma Oficial Mexicana ☐ ☐ ☐

Procuraduría General de la República ☐ ☐ ☐

Petróleos Mexicanos ☐ ☐ ☐ ☐ ☐

Organización de Estados Americanos ☐ ☐ ☐

Secretaría de Comunicaciones y Transportes ☐ ☐ ☐

Secretaría de Turismo ☐ ☐ ☐ ☐ ☐ ☐

Secretaría de Educación Pública ☐ ☐ ☐

MATEMÁTICAS

Áreas

Resuelve los siguientes problemas.

Si un rectángulo tiene 28 centímetros de perímetro y uno de sus lados mide 8 centímetros, ¿cuál es el área del rectángulo?

R=________________________

En un terreno cuadrado de 124 metros de lado, se ha construido una casa de 200 metros cuadrados y el resto se ha dejado para jardín. Calcula los metros cuadrados del jardín.

R=________________________

Dibuja un rombo cuyas diagonales midan 48 milímetros y 75 milímetros. Al final, calcula la superficie de la figura.

R=________________________

Los abuelos de Pedro tienen un invernadero de 623 decámetros cuadrados; si el precio de un metro cuadrado es de $23, ¿cuánto dinero recibirían los abuelos si venden el invernadero?

R=________________________

Calcula la superficie de un jardín circular cuyo radio es 65 metros.

R=________________________

MATEMÁTICAS

Gráficas

Un par de niños se subieron a un taxi y durante el recorrido tomaron los siguientes datos que colocaron en una tabla, ayúdalos a completarla y graficarla.

Metros Recorridos	Precio
200 m.	$ 7.50
400 m.	$
600 m.	$ 22.50
800 m.	$
1000 m.	$
1200 m.	$ 45.00
m.	$
m.	$

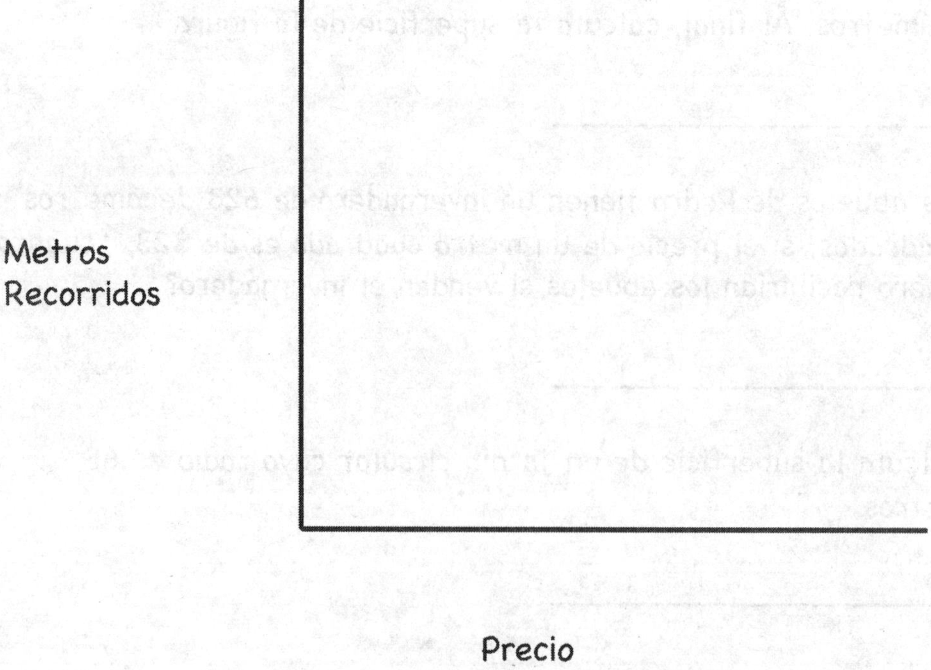

MATEMÁTICAS

El Porcentaje

Completa la tabla de porcentajes.

Porcentajes	Fracción	Resultado
10%	10/100	0.1
25%		
7%		
67%		
50%	50/100	
15%		
32%		
18%		
44%		
80%		

Resuelve los siguientes porcentajes.

10% de 320= ________

15% de 40= ________

25% de 120= ________

32% de 80= ________

7% de 72= ________

18% de 95= ________

67% de 90= ________

44% de 73= ________

50% de 38= ________

80% de 98= ________

MATEMÁTICAS

Las Fracciones

Une las operaciones con sus resultados.

$\frac{1}{4}+\frac{3}{2}\cdot\frac{2}{3}=$	$-\frac{7}{8}$
$\frac{5}{6}\cdot\frac{4}{15}-\frac{3}{5}\cdot\frac{20}{18}=$	$-\frac{3}{4}$
$\frac{3}{8}:\frac{18}{24}-\frac{5}{6}=$	$-\frac{9}{8}$
$(\frac{3}{5}+\frac{1}{10}):\frac{-14}{15}=$	$-\frac{4}{9}$
$\frac{-4}{5}\cdot(\frac{7}{3}-\frac{5}{4})=$	$-\frac{115}{72}$
$(\frac{1}{2}-\frac{3}{4}):\frac{5}{6}=$	$-\frac{16}{3}$
$\frac{12}{18}:(\frac{-1}{2}+\frac{3}{8})=$	$-\frac{1}{3}$
$(-1\frac{1}{3}-2\frac{1}{2}):\frac{12}{5}=$	$-\frac{13}{15}$
$-3\frac{3}{10}:(7\frac{5}{6}-4\frac{9}{10})=$	$\frac{5}{4}$
$1\frac{3}{8}-(\frac{7}{3}-\frac{1}{12})=$	$-\frac{3}{10}$

MATEMÁTICAS

El Volumen

Calcula el volumen de los siguientes cuerpos.

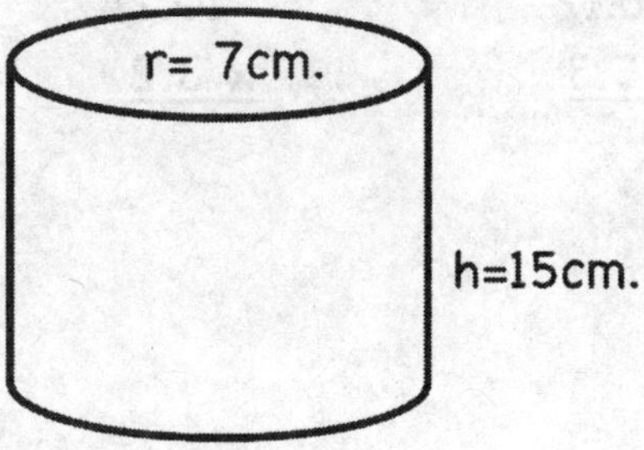

V= ____________________

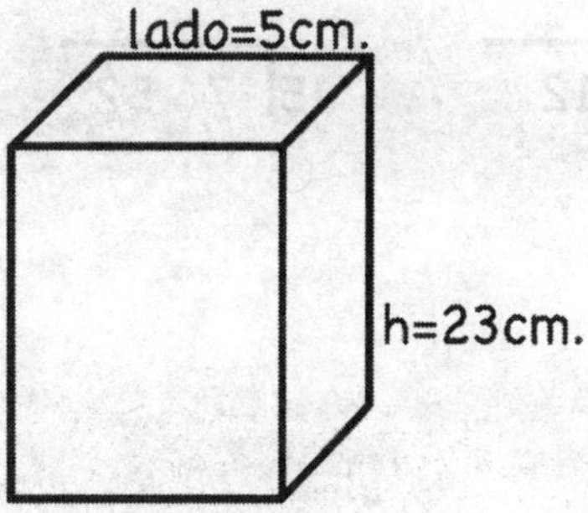

V= ____________________

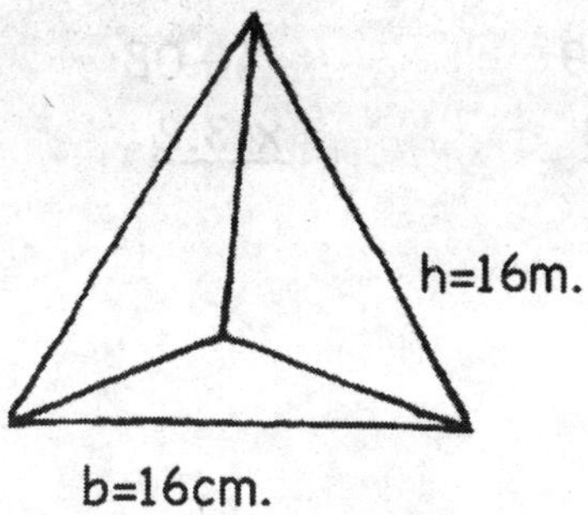

V= ____________________

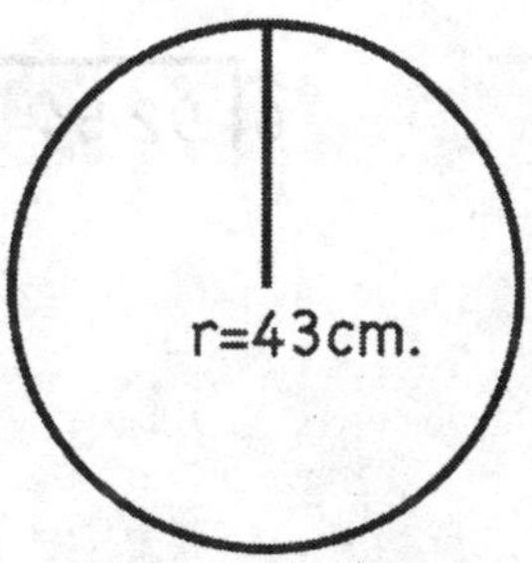

V= ____________________

MATEMÁTICAS

Multiplicación y División

Resuelve las siguientes operaciones.

7.23 x 3.50	45.3 x 6.8	26.12 x 5.3	10.24 x 3.2

5 ⟌ 30.6	2 ⟌ 4.05	7 ⟌ 37.12	15 ⟌ 76.52

88.32 x 3.50	27.15 x 6.8	56.19 x 5.3	40.08 x 3.2

22 ⟌ 68.49	8 ⟌ 84.2	4 ⟌ 72.12	6 ⟌ 92.54

Medidas de Capacidad

Resuelve las siguientes operaciones de las medidas de capacidad.

Ejemplo:
5 kl. + 5 hl. + 7 dal. = 5000 l. + 500 l. + 70 l. = 5 570 l

3 l. + 2 cl. + 3 ml. = ____ l. + _____ l. + _____ l. = _______ l

25.56 dal. + 526.9 dl. = ________ l. + ________ l. = _______ l

53600 ml. + 9 830 cl. = ________ l. + ________ l. = _______ l

1 hl. + 9.7 dal. + 37 cl. = _____ l. + ______ l. + _____ l. = _____l

Resuelve los siguientes problemas.

Marcelino tiene un barril que desea llenar de pintura, si la capacidad del barril es de 20 litros, ¿cuántas cubetas de pintura de 1.5 litros debe comprar para llenarlo?

R=___________________________

El señor Ricardo llenó una alberca con dos pipas de agua de 10 kl. cada una. ¿Cuál es la capacidad de la alberca?

R=___________________________

MATEMÁTICAS

Variación Proporcional y No Proporcional

Resuelve las siguientes operaciones.

Los niños del grupo de 5º trabajan en un proyecto con pinturas y para ello necesitan utilizar aguarrás. Ayuda a los niños a completar la tabla.

Aguarrás	16 ml.	33 ml.	495 ml.	660 ml.
Pintura	20 ml.			

Don Ignacio tiene un lavado de autos y desea saber cuál es el tiempo que tardan sus trabajadores en lavar los coches. Ayúdalo a completar su tabla.

Empleados	1	2	3	4
Tiempo en lavar una moto	30 min.	15 min.	10 min.	7.5 min.
Tiempo en lavar un coche	40 min.			
Tiempo en lavar una camioneta	60 min.			
Tiempo en lavar un camión	80 min.			

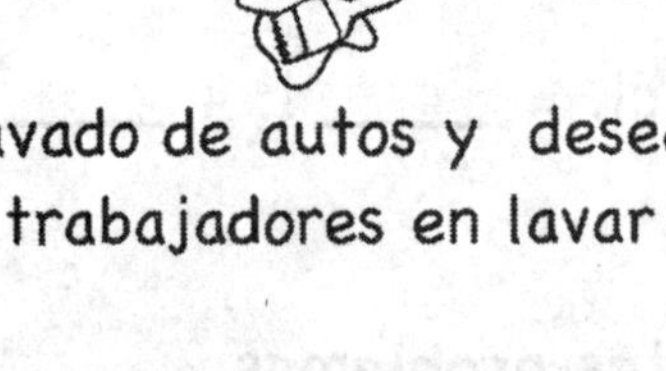

MATEMÁTICAS

Números Romanos

Escribe con letra y número las siguientes cifras.

XLIX

CDXC

CMLXII

CMXCIX

MMDCCVI

CCLVIII

CCLXIX

DLXXXIII

CXCIV

MMXII

CMXLII

MDCV

MATEMÁTICAS

Tabla de Pitágoras

Aquí están todas las tablas de multiplicar de los 10 primeros números. Completa la tabla escribiendo los números que hacen faltan.

El producto de dos números es el número de la casilla donde se cruzan la horizontal de uno de ellos con la vertical del otro.

X	0	1	2	3	4	5	6	7	8	9	10
0										0	
1										9	
2										18	
3										27	
4	0	4	8	12	16	20	24	28	32	36	
5											
6											
7											
8											
9											
10											100

MATEMÁTICAS

Moda y Promedios

Una maestra tiene las calificaciones finales de sus alumnos y desea saber cuál es el promedio del grupo. También quiere graficar las calificaciones para mostrárselas a sus alumnos. Ayúdala a realizar dichas actividades.

Promedio del Grupo: ______

Pedro: 8
Juan: 9.3
Luisa: 7.5
Jimena: 10
Rodrigo: 9.8
Rosa: 9
Humberto: 9.3
Ana: 7.9

La moda es el valor que se presenta el mayor número de veces en un grupo de cifras. Encuentra la moda de los siguientes grupos y escríbela dentro de los recuadros.

☐ 5 12 9 5 8 7 5 1

14 16 18 16 15 12 14 14 16 18 20 16 16 ☐

☐ 23 35 45 33 47 31 23 29 22

63 48 15 33 63 15 28 63 88 ☐

MATEMÁTICAS

Números Decimales

Completa la tabla.

Cifra	Unidades	Décimos	Centésimos	Milésimos
3.245	3	5	40	200
6.481				
1.234				
7.217				
0.601				
4.132				
8.564				
1.741				
3.101				
2.02				
0.527				
6.039				
9.384				
3.456				
0.552				

Resuelve las siguientes operaciones.

$4.09 \times 10 =$ ______

$6.212 \times 10 =$ ______

$4.161 \times 100 =$ ______

$1000 \times 5.51 =$ ______

$5.4 \times 100 =$ ______

$1000 \times 4.249 =$ ______

$0.16 \div 8 =$ ______

$1.8 \div 9 =$ ______

$1.62 \div 9 =$ ______

$1.6 \div 2 =$ ______

$1.6 \div 4 =$ ______

$1.06 \div 2 =$ ______

MATEMÁTICAS

Horas, Minutos y Segundos

Resuelve los siguientes problemas.

Si un documental en la tele tiene una duración de 1.294 segundos, escribe su equivalencia en:

horas: _____ minutos: _____ segundos: _____

Salí de mi casa a las 10:25, caminé 20 minutos hasta la estación del tren. Si viajé en tren 1 hora y 15 minutos, ¿a qué hora llegué a mi destino?

R=________________

Si salí de casa a las 12 y cuarto y estuve paseando tres cuartos de hora. ¿A qué hora regresé?

R=________________

Un coche viaja a 98 kilómetros por hora, ¿qué tiempo tardará en recorrer 343 kilómetros?

R=________________

Un ciclista realizó un recorrido de dos días. El primer día tardó 5 horas 12 minutos y 6 segundos; el segundo día 6 horas. ¿Cuánto tiempo estuvo corriendo en total?

R=________________

Un avión despegó a las 7:35 pm. La duración del vuelo ha sido de 2 horas y 45 minutos. ¿A qué hora aterrizó?

R=________________

En la televisión pasan una película que dura 1 hora y 45 minutos. Durante la proyección hacen cinco cortes publicitarios de ocho minutos cada uno. Si la película empieza a las 3:30, ¿a qué hora terminará?

R=________________

Escribe la cifra que conteste a cada adivinanza.

A veinticuatro se le resta el producto de dos por seis:

____

Al triple de siete, se le resta cinco: ________________

A la diferencia entre ochenta y treinta y cinco, se le suma setenta: ________________

A la suma de 200 se le resta la diferencia entre 150 y 65:

____

Al doble de siete, se le suma la diferencia de cuatro y tres:

____

Ilumina el resultado de las fracciones en los segmentos.

$\frac{15}{18} - \frac{7}{18} =$

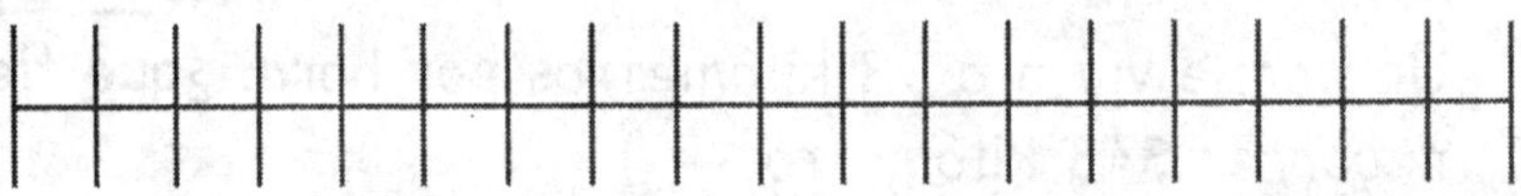

$\frac{24}{4} - \frac{12}{4} =$

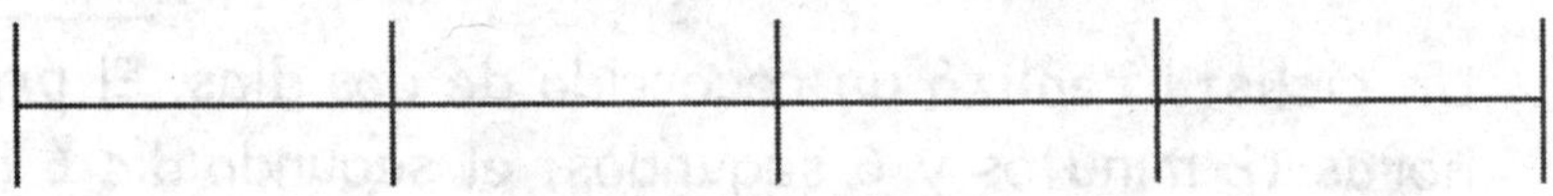

$\frac{1}{6} + \frac{4}{6} =$

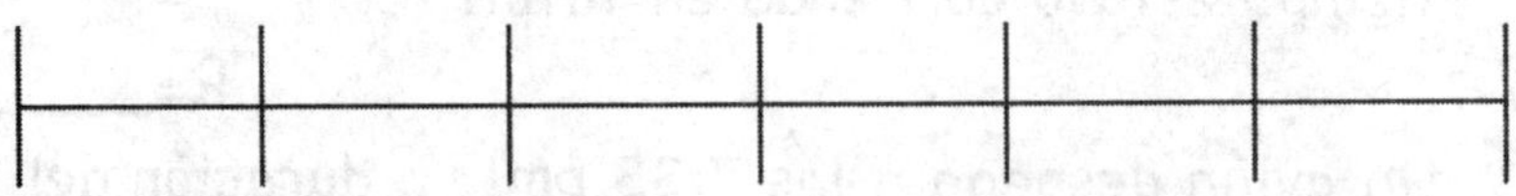

$\frac{3}{8} + \frac{7}{8} - \frac{4}{8} =$

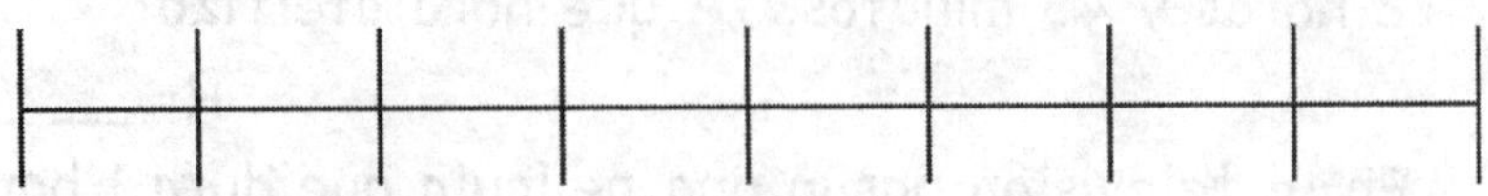

$\frac{25}{3} - \frac{15}{3} - \frac{8}{3} =$

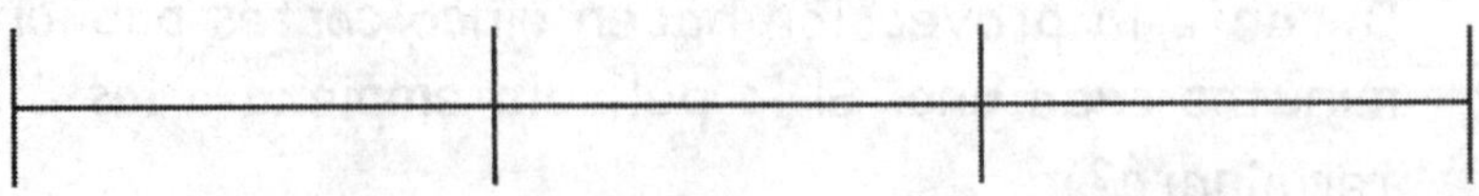

$\frac{45}{2} - \frac{44}{2} =$

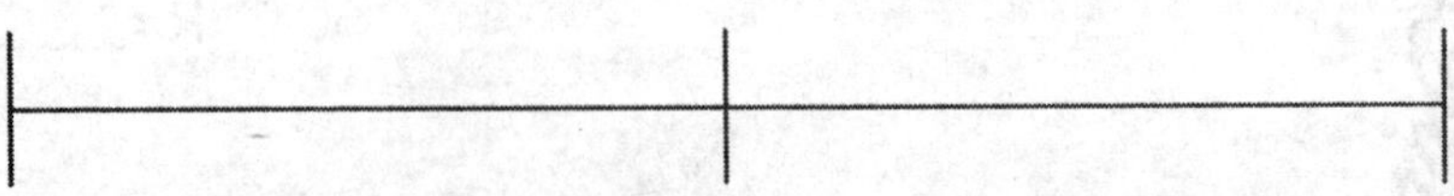

CIENCIAS NATURALES

Las Fuentes de Energía

Investiga los tipos de energía y escribe dónde se utiliza cada una de ellas.

Energía Fósil ______________________________

____

Energía Hidráulica ______________________________

____

Energía Solar ______________________________

____

Energía Geotérmica ______________________________

____

Energía Nuclear ______________________________

____

Une a los distintos tipos de energía con su ilustración.

Energía Fósil

Energía Hidráulica

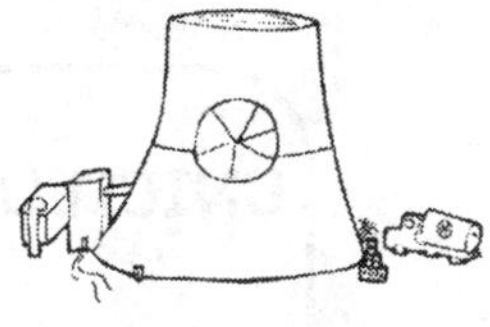

Energía de la Biomasa

Energía Solar

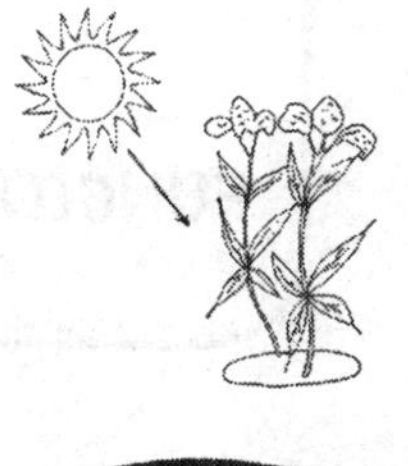

Energía Geotérmica

Energía Nuclear

CIENCIAS NATURALES

Organismos Unicelulares

Completa las oraciones con las palabras del recuadro.

Los organismos ________________, son seres vivos que están capacitados para formar réplicas de sí mismos.

Los organismos unicelulares, formados sólo por una célula, realizan todas las ________________ vitales.

En los organismos unicelulares se pueden encontrar dos tipos de organización celular: procariotas y ________________.

Son ________________ si el material genético no está rodeado de membranas que lo aíslen del resto de la célula. Esto ocurre en las bacterias y las algas verdeazuladas o ________________.

Las células de las eucariotas tienen el material ______________ separado del citoplasma mediante una doble membrana que constituye el núcleo.

A este tipo celular pertenecen organismos unicelulares, como los ________________, pero también las células que forman los seres vivos pluricelulares.

UNICELULARES **PROTOZOOS** **PROCARIOTAS**

GENÉTICO

FUNCIONES **CIANOBACTERIAS** **EUCARIOTAS**

CIENCIAS NATURALES

Sistema Inmunológico

✎ Ubica las palabras en el lugar en que les corresponde.

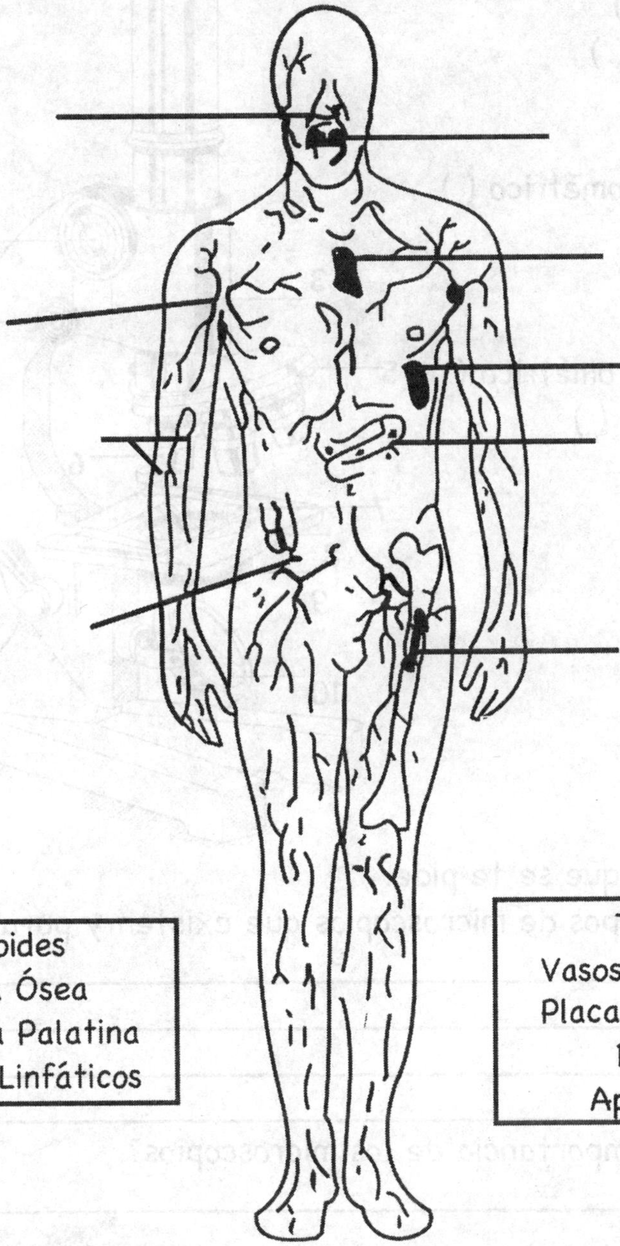

Adenoides
Médula Ósea
Amígdala Palatina
Nódulos Linfáticos

Timo
Vasos Linfáticos
Placa de Peyer
Bazo
Apéndice

CIENCIAS NATURALES

El Microscopio

Investiga y escribe dentro del paréntesis el número que corresponda a la parte del microscopio óptico.

Diafragma ( )
Tubo óptico ( )
Ocular ( )
Pie ( )
Tornillo Micrométrico ( )
Pinzas ( )
Platina ( )
Espejo ( )
Tornillo Macrométrico ( )
Portaobjetos ( )
Objetivos ( )
Columna ( )

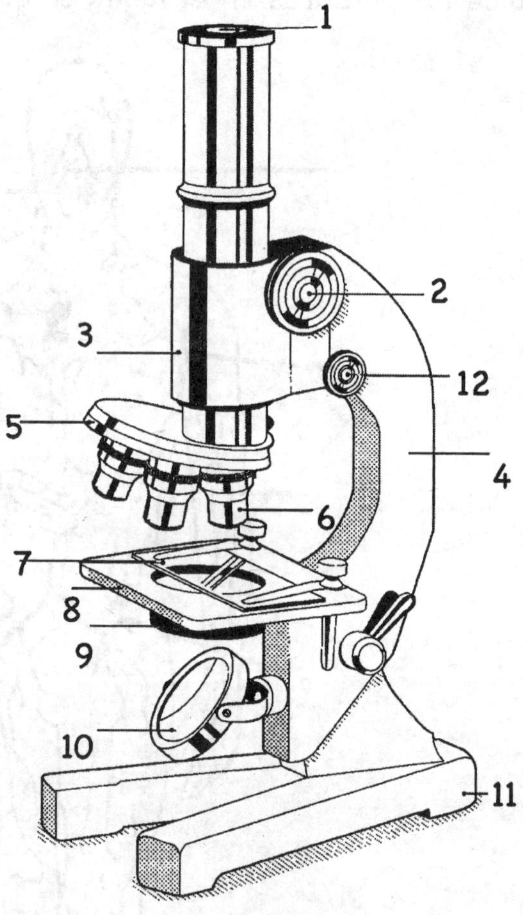

Contesta lo que se te pide.

Escribe los tipos de microscopios que existen y para qué se utilizan. ______________________________
____
____
____

¿Cuál es la importancia de los microscopios?
____
____

CIENCIAS NATURALES

El Sistema Nervioso

Ubica dentro del diagrama el número que señale las partes del sistema nervioso que se mencionan a continuación.

1 Nervios

2 Encéfalo

3 Médula Espinal

4 Cerebelo

5 Bulbo raquídeo

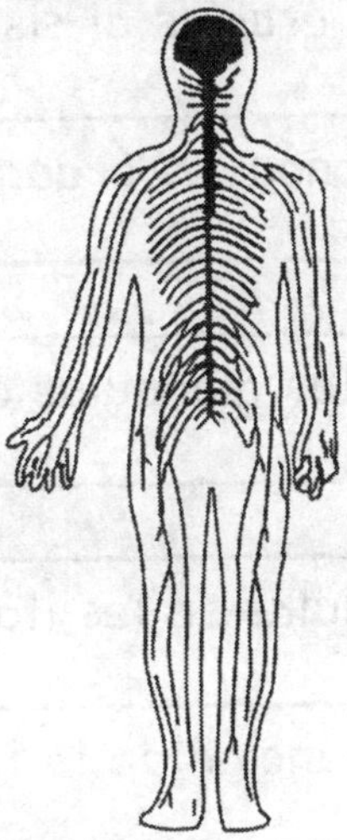

Contesta lo que se te pide.

¿En qué partes se divide el sistema nervioso?

____

¿De qué partes está conformado el sistema nervioso central?

____

¿Qué son las neuronas?

____

¿Qué funciones controla el hemisferio izquierdo del cerebro?

____

¿Qué funciones controla el hemisferio derecho del cerebro?

____

CIENCIAS NATURALES

El Sistema Glandular

Investiga y contesta las siguientes preguntas.

¿Qué ocurre gracias al sistema glandular?

¿Cómo funcionan los órganos que forman el sistema glandular?

¿Cuáles son las glándulas de secreción interna y qué sustancias producen?

¿A qué glándulas se les llama de secreción externa?

¿Cuál es la función de la hipófisis?

¿Qué hormona genera el páncreas y cuál es su función?

¿Qué pasa si el páncreas no produce suficiente insulina?

¿Qué medidas son importantes para disminuir el riesgo de padecer diabetes?

¿Cómo se llaman las glándulas de la piel y qué sustancias producen?

¿Cuál es la función de las glándulas lagrimales y las glándulas salivales?

CIENCIAS NATURALES

Aparato Reproductor Femenino

Escribe en la líneas el nombre de las partes del aparato reproductor femenino que aparecen en el recuadro.

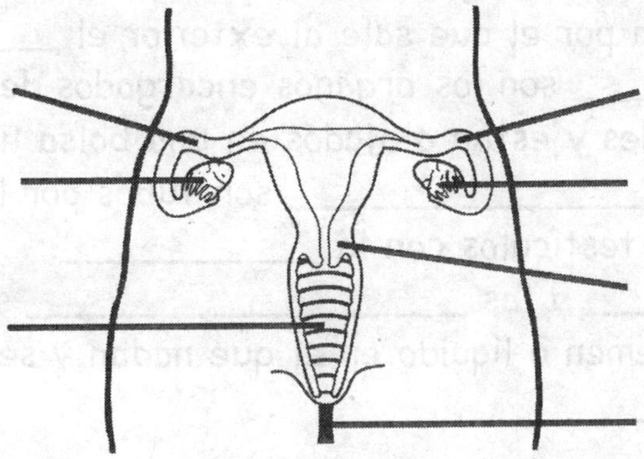

vejiga	matriz	útero	ovarios	vagina	vulva

Investiga y completa las siguientes oraciones.

El aparato reproductor femenino está formado por______________, __________, _____________, ___________ y ____________

La _____________ es la parte exterior del aparato reproductor, con unos pliegues llamados labios.

La _____________ es el tubo que comunica el exterior con el útero.

El _____________ es un órgano musculoso donde se produce la fecundación.

Los ____________ son los órganos productores de las células femeninas llamados ______________.

Las _________________ son los tubos que comunican los ovarios con el útero.

CIENCIAS NATURALES

Aparato Reproductor Masculino

✎ Completa las oraciones con las partes del aparato reproductor masculino.

El __________ es un órgano musculoso con un conducto interior llamado uretra por el que sale al exterior el ____________.
Los ____________ son los órganos encargados de producir los espermatozoides y están alojados en una bolsa llamada _________.
Los _________________________ son tubos por los que se comunican los testículos con la ____________.
La ____________ y las ____________________ son órganos que producen el semen o líquido en el que nadan y se transportan los ____________________.

✎ Escribe sobre las líneas los nombres de las partes del aparato reproductor masculino que correspondan a los números.

1 ____________________

2 ____________________

3 ____________________

4 ____________________

5 ____________________

6 ____________________

7 ____________________

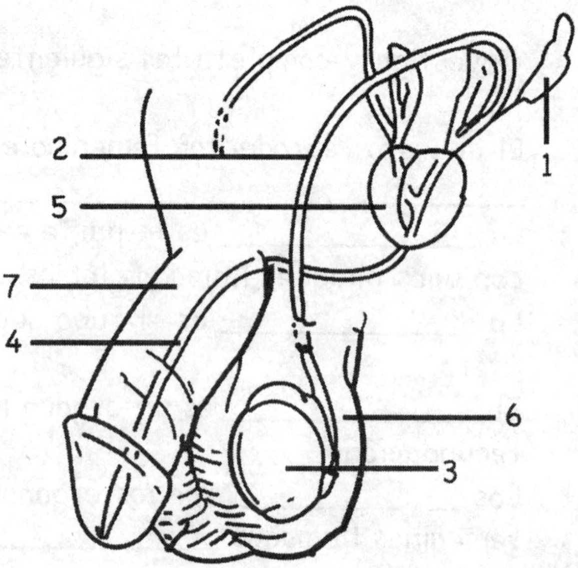

CIENCIAS NATURALES

Tabaquismo y Alcohol

Completa la siguiente tabla.

CONSECUENCIAS DEL CONSUMO DE ALCOHOL	DAÑOS EN EL ORGANISMO	DAÑOS EN EL COMPORTAMIENTO
Efectos a Corto Plazo	Irritación de la mucosa estomacal.	Sensación de euforia. Posibilidad de realizar actos violentos.
Efectos a Largo Plazo	Psicosis, encefalopatías. Alta tolerancia al alcohol y síndrome de abstinencia.	Disminución en el rendimiento laboral.

CONSECUENCIAS DEL CONSUMO DE TABACO	DAÑOS EN EL ORGANISMO	DAÑOS EN EL COMPORTAMIENTO
Efectos a Corto Plazo	Aumento del ritmo cardíaco y de la presión arterial.	Consumo ocasional que aumenta progresivamente.
Efectos a Largo Plazo	Disminución de la memoria, dolores de cabeza.	Dependencia psíquica.

GEOGRAFÍA

Sistema Solar

Resuelve el crucigrama.

1.Este astro que irradia energía se compone de hidrógeno y helio.
2.Este planeta posee unos anillos y es el menos denso.
3.Es el planeta más cercano al Sol y su año dura 88 días terrestres.
4.Este planeta tiene 20 satélites y el metano que tiene en su atmósfera, es el que le da su color.
5.Este planeta es el segundo más cercano al Sol, tiene una atmósfera muy densa y su temperatura es más alta que la de Mercurio.
6.Es el único planeta del sistema solar donde es posible la vida.
7.Es el planeta más lejano al Sol, su núcleo es de hielo y rocas fundidas y en su atmósfera viajan los vientos más rápidos.
8.Es el último de los planetas interiores y posee dos lunas diminutas: Fobos y Deimos.
9.Es el planeta más grande del sistema solar, es gaseoso y posee 16 satélites.

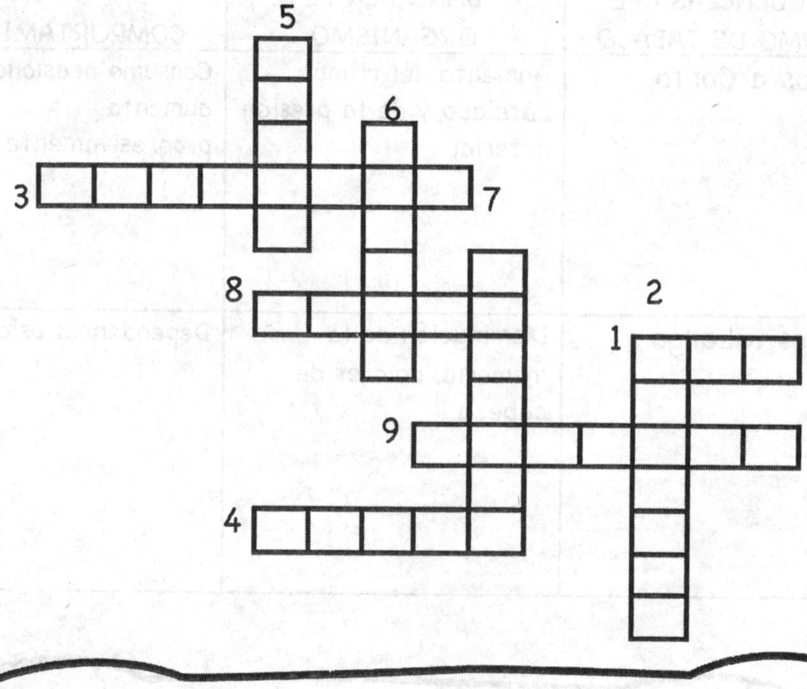

GEOGRAFÍA

La Tierra

Tacha la respuesta correcta.

Su espesor es de unos 700 kilómetros.
CORTEZA MANTO NÚCLEO HIDROSFERA ATMÓSFERA

Capa que está formada por metales y temperaturas muy altas.
CORTEZA MANTO NÚCLEO HIDROSFERA ATMÓSFERA

Capa terrestre con un espesor de 60 a 120 kilómetros.
CORTEZA MANTO NÚCLEO HIDROSFERA ATMÓSFERA

Está formada por las aguas de los océanos y mares.
CORTEZA MANTO NÚCLEO HIDROSFERA ATMÓSFERA

Es la capa gaseosa que envuelve la Tierra.
CORTEZA MANTO NÚCLEO HIDROSFERA ATMÓSFERA

En esta capa se encuentra el magma.
CORTEZA MANTO NÚCLEO HIDROSFERA ATMÓSFERA

Esta capa tiene una profundidad media de 4.700 metros.
CORTEZA MANTO NÚCLEO HIDROSFERA ATMÓSFERA

Investiga y subraya si estos datos son verdaderos o falsos.

Las partes hundidas son los continentes. VERDADERO FALSO

Hay más superficie de océanos y mares. VERDADERO FALSO

Una isla tiene varios archipiélagos. VERDADERO FALSO

Los mares son mayores que los océanos. VERDADERO FALSO

La península tiene un istmo. VERDADERO FALSO

Las aguas ocupan el 72% del planeta. VERDADERO FALSO

Asia es más extensa que África. VERDADERO FALSO

GEOGRAFÍA

El Clima

Contesta las siguientes preguntas.

¿Qué es el clima?

____

¿Cómo se compone el estado del tiempo?

____

Mencionar y explicar los factores que determinan el clima.

____

¿Cómo se determina el clima en una región determinada?

____

¿Cómo afecta la altitud al clima?

____

¿Qué tipos de climas existen en América?

____

¿Dónde se localiza el clima polar?

____

¿Qué tipo de climas encontramos en los lugares próximos al Ecuador?

____

GEOGRAFÍA

Composición Étnica en América

Investiga y escribe sobre las líneas los grupos étnicos que viven en dichos lugares.

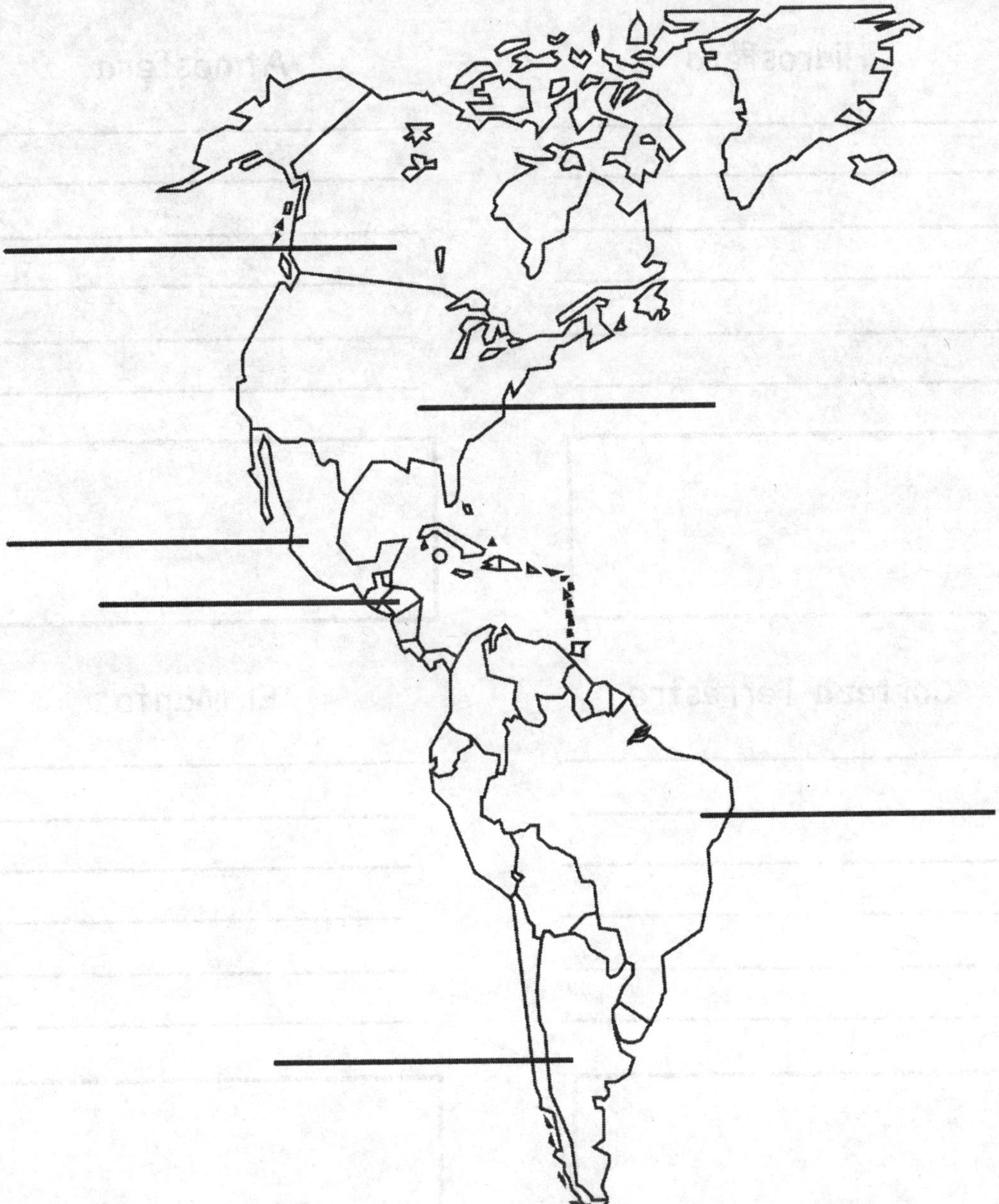

La Contaminación

Escribe los tipos de contaminantes que afectan las siguientes partes de nuestro planeta y dibuja algunos ejemplos dentro de los recuadros.

Hidrosfera

Atmósfera

Corteza Terrestre

El Manto

GEOGRAFÍA

Montañas y Volcanes de América

Dibuja sobre el mapa las montañas en café y los volcanes en rojo que se mencionan a continuación y escribe el número que los distinga.

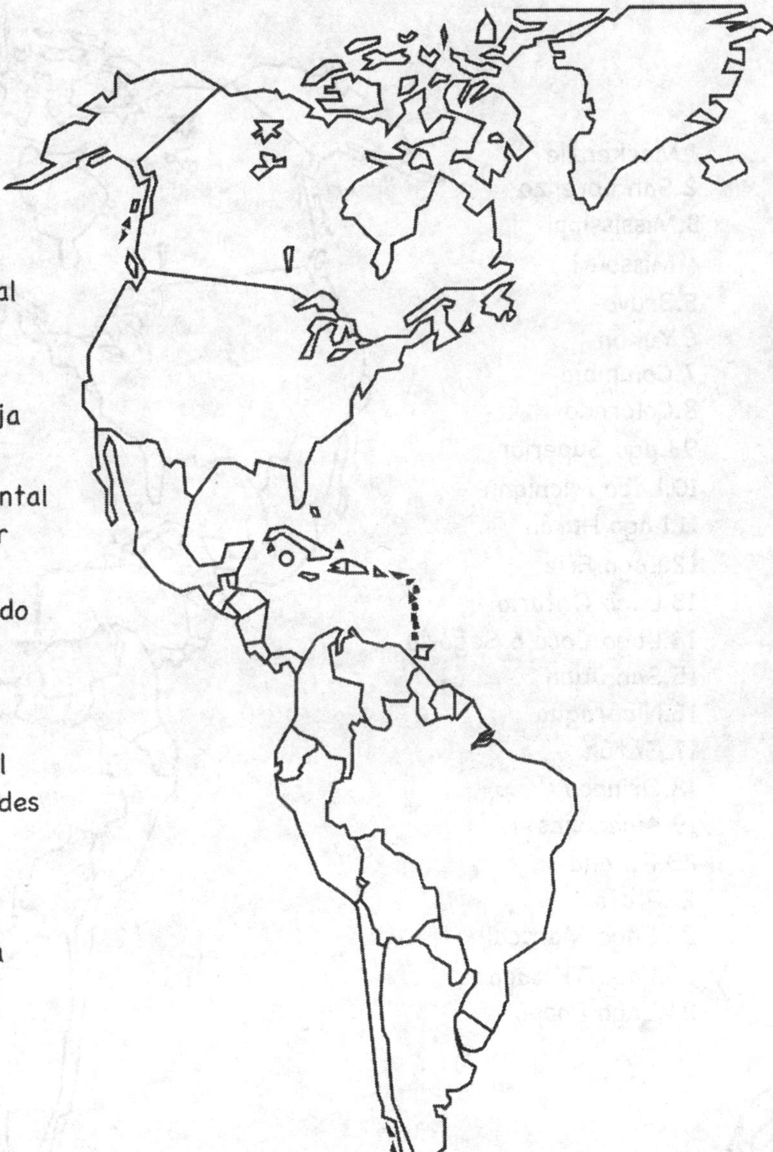

1.Montes Apalaches,
2.Sierra Madre Oriental
3.Montañas Rocallosas
4.Cadena Costera
5.Sierra Nevada de Baja California
6.Sierra Madre Occidental
7.Sierra Madre del Sur
8.Monte Aconcagua
9.Volcán Ojos del Salado
10.Volcán Sajamo
11.Volcán Chimborazo
12.El Pico de Orizaba
13.Volcán Popocatépetl
14.Cordillera de los Andes
15.Monte McKinley
16.Cordillera Real
17.Cordillera Central
18.Cordillera de Alaska
19.Ventanía
20.Nevado de Huascán

GEOGRAFÍA

Ríos y Lagos de América

Dibuja los ríos y lagos de América que están a continuación, en el lugar que les corresponde.

1.Mackenzie
2.San Lorenzo
3.Mississippi
4.Missouri
5.Bravo
6.Yukón
7.Columbia
8.Colorado
9.Lago Superior
10.Lago Michigan
11.Lago Hurón
12.Lago Erie
13.Lago Ontario
14.Lago Coco o Segovia
15.San Juan
16.Nicaragua
17.Gatún
18.Orinoco
19.Amazonas
20.Paraná
21.Plata
22.Lago Maracaibo
23.Lago Titicaca
24.Lago Poopó

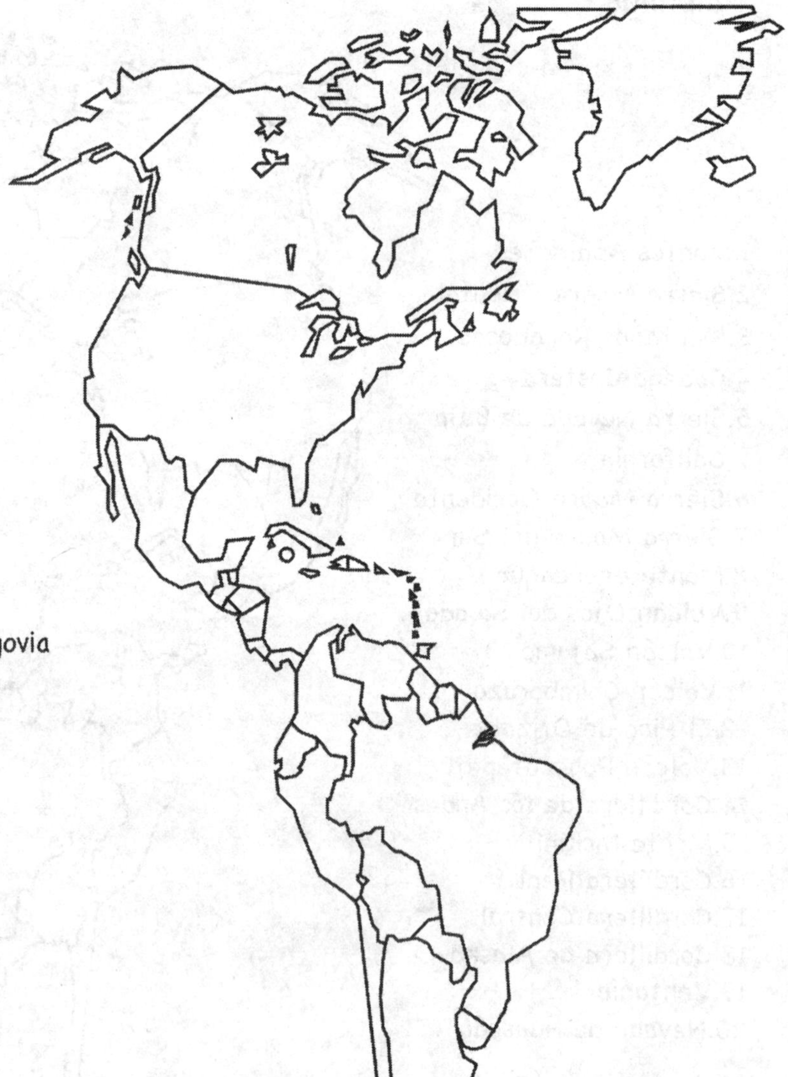

GEOGRAFÍA

Países de América

Escribe las capitales de los siguientes países y escribe una N si son de América del Norte, una C si son de América Central y una S si son de América del Sur. Al terminar, ubícalos en el mapa según el número que corresponda.

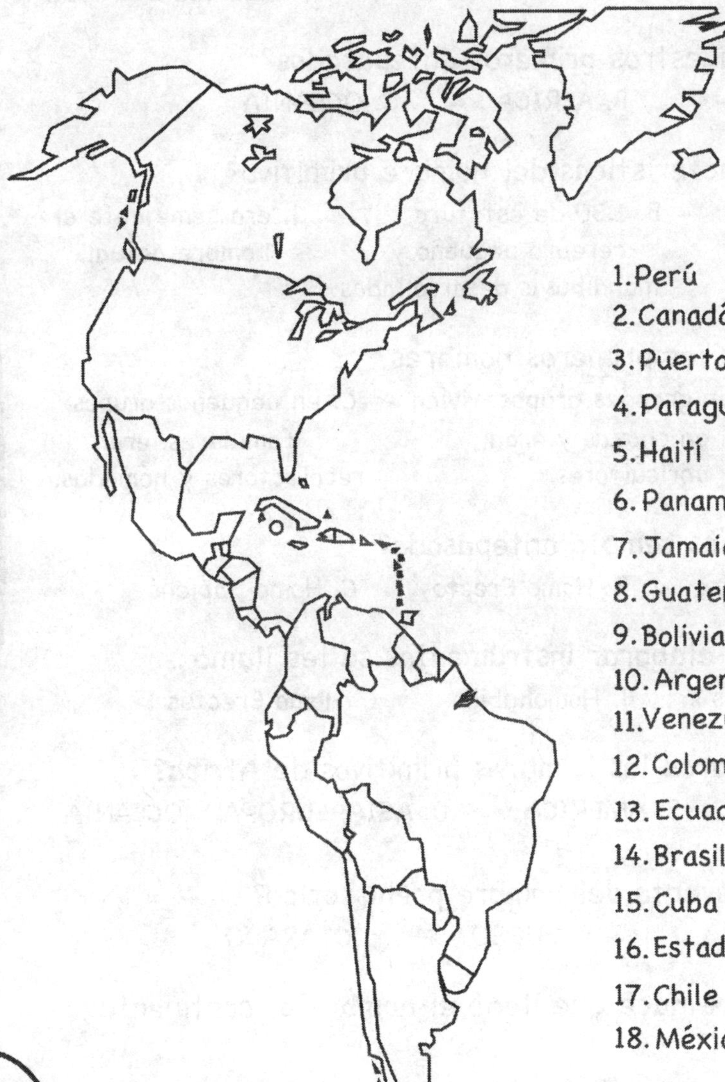

1. Perú ____________ __
2. Canadá ____________ __
3. Puerto Rico ____________ __
4. Paraguay ____________ __
5. Haití ____________ __
6. Panamá ____________ __
7. Jamaica ____________ __
8. Guatemala ____________ __
9. Bolivia ____________ __
10. Argentina ____________ __
11. Venezuela ____________ __
12. Colombia ____________ __
13. Ecuador ____________ __
14. Brasil ____________ __
15. Cuba ____________ __
16. Estados Unidos ____________ __
17. Chile ____________ __
18. México ____________ __

HISTORIA

El Hombre en la Tierra

Encierra en un círculo la respuesta correcta a cada pregunta.

¿Cuánto tiempo hace que apareció el hombre en la tierra?

A. 1 MILLON DE AÑOS B. 2 MILLONES DE AÑOS C. 3 MILLONES DE AÑOS

¿Dónde aparecieron nuestros primeros antepasados?

A. ASIA B. ÁFRICA C. OCEANÍA

¿Cuáles eran las características del hombre primitivo?

A. 2.30 de estatura, cerebro grande y mandíbulas pequeñas. B. 1.30 de estatura, cerebro pequeño y mandíbulas desarrolladas. C. era semejante al hombre actual.

¿Cómo se organizaron los primeros hombres?

A. en sindicatos B. en grandes grupos, vivían en chozas y eran agricultores. C. en pequeños grupos familiares, eran recolectores y nómadas.

¿Quién fue nuestro más remoto antepasado?

A. Australopiteco B. Homo Erecto C. Homo Sapiens

Por su habilidad para elaborar instrumentos se les llamó...

A. Homo Sapiens B. Homohabilis C. Homo Erectus

¿Hacia dónde se migraron los hombres primitivos de África?

A. ANTÁRTIDA B. AMÉRICA C. ASIA, EUROPA Y OCEANÍA

¿Cuál fue el primer invento del hombre prehistórico?

A. PÓLVORA B. FUEGO C. ARADO

¿Cuántos miles de años hace que llegó el hombre al continente Americano?

A. 40 MIL B. 50 MIL C. 100 MIL

HISTORIA

El Periodo Postclásico

Completa la siguiente información con las palabras del recuadro.

El periodo Postclásico o histórico se inicia hacia el año ________ y termina en _________, cuando los españoles tomaron la capital del imperio ____________.

El fenómeno que caracteriza al Postclásico es la invasión de Mesoamérica por pueblos ____________ que provenían del ________, de la vasta extensión de _______________. Estos pueblos se asentaron en Mesoamérica, se mezclaron con los antiguos ______________ y asimilaron muchos elementos de las culturas _____________. Con el tiempo crearían una nueva civilización, comparable a las más avanzadas del continente americano.

En esta época se desarrollaron las técnicas para fundir y trabajar _______________ como oro, plata y _________. Estas técnicas se inventaron en la región andina y probablemente llegaron a Mesoamérica a través de ______________ que navegaban por las costas del Océano _____________. Aunque los pueblos del Postclásico fueron artesanos maravillosos, no utilizaron los metales con fines prácticos, sino únicamente en la fabricación de __________ y ____________. Los ____________ fueron una importante civilización de esta época.

adornos 800 metales comerciantes Toltecas norte
Aridoamérica clásicas bronce seminómadas Azteca
Pacífico pobladores joyas 1521

HISTORIA

El Periodo Clásico

Relaciona las columnas para completar las frases.

Hacia el año 200 a.C. en varias regiones de Mesoamérica, se inicia	de la vida y en torno a ella giraban las demás actividades.
En esta época florecen la	civilización maya, zapoteca y teotihuacana.
Junto con los guerreros-sacerdotes surgieron los funcionarios encargados de impartir justicia y recaudar tributos,	el desarrollo de grandes civilizaciones urbanas.
La religión ocupaba el lugar central	se crearon complicados sistemas de escritura y prosperó la herbolaria.
El juego de pelota se encuentra en todas las ciudades del Clásico.	fue la de Teotihuacan.
La construcción de esos centros ceremoniales tenía como finalidad	los comerciantes viajaban largas distancias y los artesanos se especializaron más.
Hubo notables avances en ciencias como las matemáticas y la astronomía,	obtener el favor de las deidades, ya que gobernaban la vida de los hombres y los ciclos de la naturaleza.
Las técnicas para trabajar la piedra	y el barro alcanzaron su punto más alto.
Cada pueblo desarrolló un particular estilo artístico, cubriendo las paredes	de los centros ceremoniales de pinturas y relieves.
La más antigua e influyente de las civilizaciones clásicas	

HISTORIA

Los Griegos y Los Romanos

Escribe en el paréntesis de las columnas de abajo, el número correspondiente.

1. Civilización antigua de mayor influencia para la historia del hombre.
2. Estos juegos nacieron aquí y se practican cada cuatro años.
3. También se le conoce a la cultura griega como:
4. Fue la ciudad más importante de la cultura cretense.
5. Mercancía que los griegos comerciaban con otros pueblos del mediterráneo.
6. Mercancía traída a Grecia por sus navegantes.
7. Invento que se empezó a utilizar en la época del esplendor de los griegos.
8. Nombre que recibían las ciudades-estado.
9. Pueblo asiático que invadió Grecia a principios del siglo V a.C.
10. Palabra que en griego significa "Gobierno del pueblo".

( ) Mecenas.
( ) Cerámica, vino y aceite.
( ) Persa.
( ) La moneda.
( ) Griega.

( ) Democracia.
( ) Trigo.
( ) Helénica.
( ) Juegos Olímpicos.
( ) Polis.

Investiga y completa la siguiente información.

El idioma que hablaban los romanos del cual se originaron las lenguas modernas es ________________.

________________ es la península donde se ubica Roma.

La ciudad capital del pueblo romano es ________________.

La actividad comercial más importante era ________________.

La ciudad romana fue fundada por los gemelos ________________.

Las disciplinas que cultivaron los romanos fueron ________________
____.

HISTORIA

La Edad Media

Contesta y completa las siguiente información.

¿Con qué evento comienza la Edad Media?

____

¿En qué año y con qué termina la Edad Media?

____

El modo de producción esclavista se cambió por el modo de producción: __________.

¿Qué religión era el centro de la vida en la Edad Media?

____

¿Porqué se le considera a la Edad Media como una época oscura?

____

¿Cómo se obtenían los distintos cargos públicos?

____

¿Qué se instauró como forma de gobierno?

____

Se les llamó pueblos bárbaros a todos aquellos que

____

¿A qué se le llamó feudalismo?

____

¿A qué personas se les llamaba vasallos?

____

HISTORIA

La Conquista de América

Tacha verdadero o falso, según corresponda a las siguientes afirmaciones.

A fines del siglo XV los Reyes de Francia aprueban el proyecto de navegación del Océano Atlántico.

VERDADERO FALSO

Navegaron hacia el Occidente como parte de la expansión en que se encontraba empeñada España.

VERDADERO FALSO

Además de ir en la búsqueda de oro y especies, también se buscaba una ruta hacia las Indias Orientales.

VERDADERO FALSO

Las primeras tierras descubiertas fueron las veracruzanas, que Colón confundió con tierras asiáticas.

VERDADERO FALSO

Las Antillas fueron integradas como parte de los territorios que constituían el área de explotación europea de fines del siglo XV.

VERDADERO FALSO

La primera fundación en las Antillas fue la ciudad de Santo Domingo.

VERDADERO FALSO

La dócil población aborigen que practicaba una economía de plantadores, fue tratada como si fuesen ciudadanos españoles.

VERDADERO FALSO

Expediciones privadas de exploración y conquista hechas desde la isla de Cuba llevaron a cabo el descubrimiento del estado Azteca.

VERDADERO FALSO

HISTORIA

La Colonización de la Nueva España

Resuelve las siguientes preguntas.

¿Cómo se le llamó a Tenochtitlan después de consumada la Conquista?

____

¿En qué se basó la economía de las colonias americanas?

____

¿Cuál fue la lengua oficial que se instauró?

____

¿En qué puertos de la Nueva España se llevaba a cabo la actividad comercial?

____

¿Cuál era la religión que las personas debían practicar en la Nueva España?

____

¿Porqué aumentó la mortandad de los indígenas?

____

¿Qué sucedió con las costumbres de los pueblos indígenas?

____

____

¿En dónde edificaron las nuevas ciudades los conquistadores?

____

FORMACIÓN CÍVICA Y ÉTICA

Derechos Humanos

Escribe si te parecen o no adecuadas las siguientes frases y por qué.

Debería existir una clase sólo para niños con dificultades de aprendizaje, así no retrasan a los demás.

____

Es mejor quedarse callado para no equivocarse en público.

____

Mientras los niños juegan al fútbol las niñas juegan a las muñecas.

____

El papá manda a la mamá porque es hombre y el jefe del hogar.

____

Todos los niños y niñas se merecen el mismo trato.

____

Los pobres merecen mejor trato que los ricos.

____

Todo derecho conlleva un deber.

____

Escribe los tres derechos humanos que te parezcan más importantes.

1.______________________________

2.______________________________

3.______________________________

FORMACIÓN CÍVICA Y ÉTICA

La Democracia

Contesta las siguientes preguntas.

¿Qué es la Democracia?

¿Dónde nació el concepto de democracia?

Al sistema político que permite que el poder se concentre sólo en un individuo, se le llama: ____________________.

En los regímenes democráticos, ¿quiénes eligen a sus representantes?

¿Para qué sirven los representantes?

¿Es verdad que en una sociedad democrática nadie puede estar por encima de la ley?

¿Quiénes hacen las leyes en una sociedad democrática?

¿Por qué es importante respetar las leyes?

Reglas y Normas

Contesta las siguientes preguntas.

¿Cuál es la diferencia entre una norma y una regla?

___

¿Para qué se necesitan las normas y las reglas?

___

Menciona los tipos de normas y reglas que existen.

___

___

¿Qué sucede cuando alguien no cumple con una norma de cortesía?

___

Escribe ejemplos de las normas y reglas que se te indican.

Normas Morales	Reglas Escolares
___	___
___	___
Normas Jurídicas	**Reglas Familiares**
___	___
___	___
Normas Religiosas	**Reglas Laborales**
___	___
___	___

La Igualdad

Encuentra las palabras de las siguientes definiciones en la sopa de letras.

1.Es hacer lo que uno desea, pero sin dañar a terceros.

2.Son los derechos fundamentales de las personas, cuya finalidad es reducir los efectos de las desigualdades entre los individuos.

3.Poderes o privilegios concedidos por un acuerdo o ley.

4.Es la norma fundamental, escrita o no, de un Estado soberano, establecida o aceptada para regirlo.

5.Circunstancia que obliga a hacer o a no hacer una cosa.

L	A	S	D	F	Ñ	L	K	J	Q	W	D	E	C
E	I	R	T	Y	U	I	O	P	Ñ	L	E	K	O
Z	O	B	L	I	G	A	C	I	Ó	N	R	F	N
M	U	R	E	N	B	C	X	Z	Q	A	E	Z	S
W	S	G	A	R	A	N	T	Í	A	S	C	X	T
C	D	E	R	F	T	V	B	G	T	Y	H	H	I
N	U	J	M	I	K	A	O	L	P	Ñ	O	Q	T
G	T	R	F	V	B	N	D	J	U	Y	S	E	U
A	W	Q	W	T	U	I	P	M	Z	A	C	D	C
E	R	E	N	D	I	R	A	Y	S	U	D	E	I
M	R	T	U	I	P	A	S	F	G	H	J	K	Ó
Z	C	V	B	N	M	K	L	O	Q	T	U	K	N

FORMACIÓN CÍVICA Y ÉTICA

Ecología

Completa la siguiente tabla.

Elemento	Agentes contaminantes	Efectos de la Contaminación	Causas de la Contaminación
Agua			
Suelo			
Aire			

Escribe de qué manera se puede evitar la contaminación de nuestro planeta.

FORMACIÓN CÍVICA Y ÉTICA

La Discriminación

Escribe de qué se tratan los siguientes tipos de discriminación.

Racismo ______________________________

Homofobia ______________________________

Discriminación a discapacitados ______________________________

____

Discriminación a mujeres ______________________________

Discriminación religiosa ______________________________

Xenofobia ______________________________

Contesta las siguientes preguntas.

¿Has sufrido algún tipo de discriminación?

____

¿Cómo respondiste o responderías si te encontraras siendo víctima de discriminación?

____

¿En qué situaciones crees que la gente es más propensa a sufrir de discriminación?

____

¿Defenderías a alguien que está siendo víctima de una especie de discriminación?

____

¿Qué acciones propones realizar para evitar la discriminación?

____

____

FORMACIÓN CÍVICA Y ÉTICA

Medidas de Seguridad

Escribe las medidas de seguridad según las siguientes circunstancias.

Biografía

Investiga la biografía de Benito Juárez y escribe cómo ayudó a la leyes que nos rigen actualmente.

Benito Juárez

Periodo de Vida: ______________________________

Órganos encargados de impartir Justicia

Investiga y escribe los diferentes órganos encargados de impartir justicia que se describen a continuación.

______________________: se encarga de resolver los problemas que surjan entre entidades federativas, los poderes de un mismo estado, y los que surjan entre autoridades estatales y la Federación.

______________________: realizan los trámites relacionados con reclamos en un proceso civil o penal.

______________________: su función principal es emitir juicios de amparo contra sentencias definitivas, en caso de encontrarse irregularidades en el desarrollo del proceso penal cuyo carácter sea civil, mercantil o laboral.

______________________: revisan los amparos en materia civil, familiar o mercantil.

______________________: tiene a su cargo la coordinación de los ministerios públicos de la nación; representar al gobierno cuando uno de sus miembros o bienes son objetos de algún perjuicio o delito; investigar si algún servidor público ha incurrido en delitos que deban ser castigados, y en general todo tipo de perjuicios que atenten contra la seguridad de los mexicanos.

FORMACIÓN CÍVICA Y ÉTICA

Leyes y Artículos

Relaciona la columna de la derecha con el número de artículo que le corresponda.

Toda persona tiene derecho al trabajo digno y socialmente útil.	Art.1º
Todo individuo gozará de las garantías que otorga esta constitución, además está prohibida la esclavitud en los Estados Unidos Mexicanos.	Art. 123º
La propiedad de las tierras y aguas comprendidas dentro de los límites del territorio nacional, corresponde originariamente a la nación.	Art. 3º
La manifestación de las ideas no será objeto de ninguna inquisición judicial o administrativa, sino en el caso de ataque a la moral, derechos de terceros, provoque un delito, o perturbe el orden público.	Art. 27º
Todo individuo tiene derecho a recibir educación, la cual debe ser laica, gratuita y obligatoria.	Art. 6º

Escribe por qué son importantes las leyes y cómo se crean.